Les Bubulles de la Bastille
The bubbles of the Bastille

Le téléféérique de Grenoble
The mountain cable car of Grenoble.

Edition 2 – Décembre 2013
Second Edition – December 2013

A Sunti et Elwin, les Joyeuses Petites Bulles !
For Sunti and Elwin, the joyful little bubbles!

Arnaud Lesdiguières
English translation: Liani

Les bulles de la Bastille sont les cabines d'un téléphérique qui relie le centre-ville de Grenoble à la colline de la Bastille.
The bubbles of the bastille are the gondolas of a mountain cable car that connects the centre Grenoble with the Bastille.

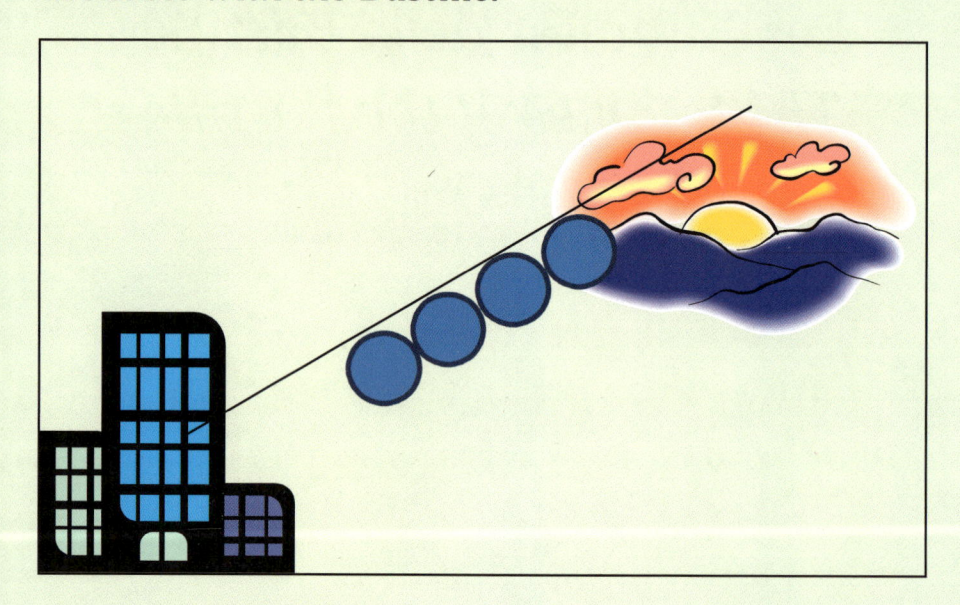

Sur le plan suivant, il y a 3 empreintes de pieds. La première est sur l'Isère, la deuxième sur la gare du téléphérique et la troisième sur l'aire de jeux du jardin de ville.
On this map, there are three sets of foot prints. The first is on the Isère, the second at the gondola station and the third on the playground in the city garden.

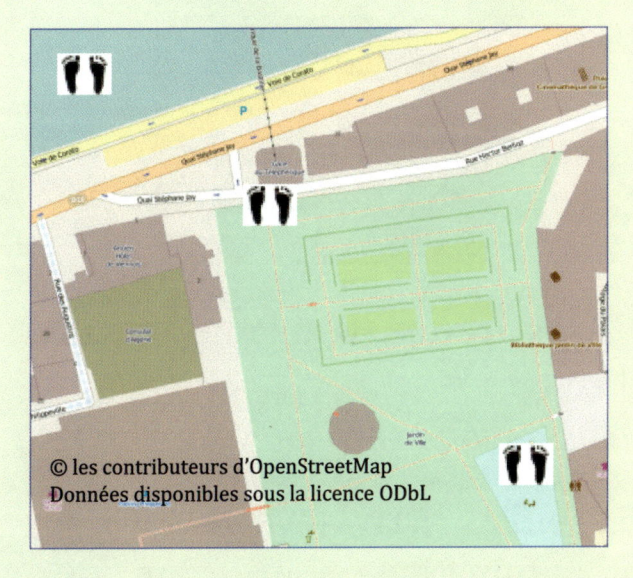

Avant de prendre les bulles, on peut s'arrêter dans le parc et s'amuser à l'aire de jeux !
Before taking the gondola, we can stop in the park and play on the playground!

A la gare de départ, il y a une énorme roue qui tourne. Elle fait avancer le câble qui transporte les bulles.
At the terminal there is an enormous wheel that turns around. It turns the cable that transports the bubbles up and down the mountain.

Cette roue est rouge. D'ailleurs, les murs aussi sont tout rouges !
The wheel is red and the walls are also red!

Quand les bulles arrivent à la gare, les portes s'ouvrent automatiquement et on va s'asseoir dans la bulle.
When the bubbles arrive at the terminal, the doors open automatically and we go sit down in one of the bubbles.

Depuis les bulles, on a une jolie vue.
From the bubbles, there is a pretty view.

On commence par survoler la route, et immédiatement après, c'est l'Isère qu'on a sous nos pieds !
We start by going over the road, and straight away, the river is underneath our feet!

Pour Pâques, les Bulles de la Bastille mettent des rubans.
At Easter time, there are ribbons on the tops of the bubbles.

On dirait alors de gigantesques œufs au chocolat !
They look like giant easter eggs!

Vers le milieu de la montée, on croise les bulles qui descendent.
About halfway up the mountain, we cross the bubbles that are going back down.

On peut faire « coucou » aux autres voyageurs !
We can say hi to the other travellers!

Au fait, sais-tu combien y a-t-il de bulles dans un convoi à la Bastille ?
Do you know how many bubbles there are all together at the bastille?

4 ou 5 ?
Four or five?

Les deux réponses sont justes ! En hiver, il y a 4 bulles qui se suivent et en été, 5.
Both answers are correct! In winter, there are 4 and in summer there are five.

Il y a plus de monde à transporter en été : il y a besoin de plus de places. D'où la cinquième bulle !
There are more people to transport up the mountain in summer so that's where the fifth one comes from.

Vers le milieu du parcours, on croise un pylône.
Le pylône sert à porter le câble haut dans les airs.
Around the middle of the route, we cross a pylon.
The pylon holds the cable up in the air.

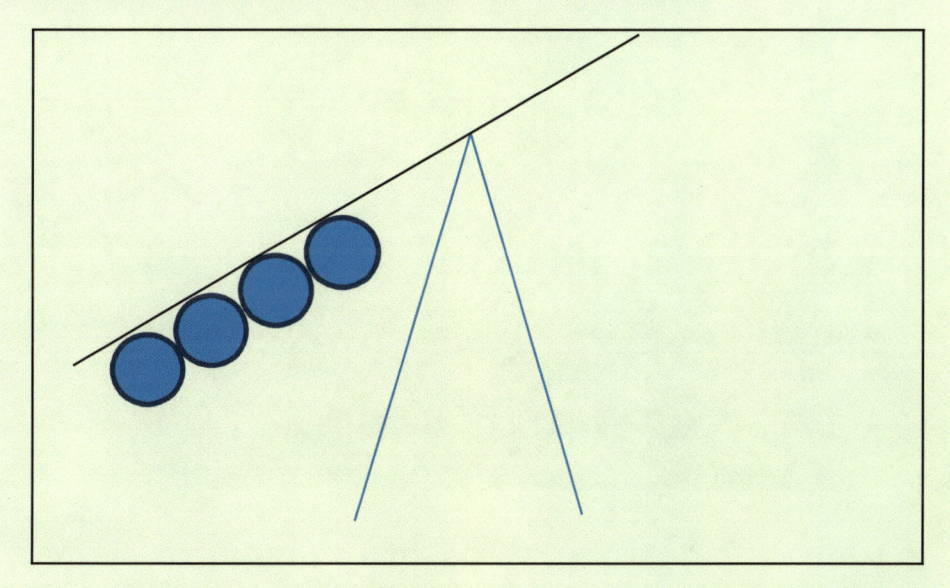

Il y a beaucoup de câbles suspendus dans les airs.
There are a lot of cables held up in the air.

Il y en a 7 au total, 1 de gros diamètre, 4 de diamètre moyen et 2 de petit diamètre !
There are seven in total, one thick one, four average sized ones and two small ones.

Tout en haut, on arrive à la gare d'arrivée.
Right at the top we arrive at the terminus.

Les portes s'ouvrent, c'est le moment de descendre.
The doors open, it is time to get out!

La fenêtre de la gare est toute ronde… comme une bulle !
The station window is round, like a bubble.

On se dirige ensuite vers la Terrasse des Géologues, pour admirer une première échappée sur Grenoble.
We then head straight to the Geologists terrace to admire the first glimpse of Grenoble.

On voit l'Isère qui coule entre Chartreuse et Vercors.
We can see the Isere that flows through the Chartreuse and Vercors mountains.

Même la nuit, on peut monter à la Bastille.
Even at night time we can go up to the Bastille.

Grenoble est toute éclairée ! Le stade des Alpes brille puissamment. L'Avenue Jean-Perrot est un trait lumineux !
Grenoble is all lit up! The stadium of the Alps is shining brightly. Avenue Jean-Perrot is a bright line!

Sur certains belvédères, il y a des longues vues pour regarder au loin.
On some of the viewpoints, there are telescopes to look far away.

Elles sont payantes. Il faut insérer des pièces pour pouvoir s'en servir.
You must insert coins to use them.

Comme on est en hauteur à la Bastille, on a une vue très étendue.
Because we are so high up at the Bastille, we have a very extensive view.

On voit bien le Taillefer.
We can see the Taillefer clearly.

On voit aussi le Vercors.
We can also see the Vercors.

Le Moucherotte est le sommet du Vercors juste au-dessus de Grenoble.
The Moucherotte is the peak of Vercors just above Grenoble.

On voit aussi l'élégante Belledonne.
We can also see the elegant Belledonne mountains.

Belledonne est une longue chaîne aux sommets enneigés.
Belledonne is a long chain of mountains with peaks covered in snow.

Au Nord, on voit la montagne du Néron.
In the north, we see the mountain of Néron.

On la reconnaît par sa crête dentelée et son important éboulement qui part de la falaise jusqu'à la forêt en contre-bas.
You can recognise it from its jagged peaks and the rock slides going from the cliff to the opposing woods.

Des fois, à la Bastille, le vent souffle très fort.
Sometimes, at the Bastille, the wind blows very hard.

Les drapeaux sont alors très tendus !
So the flags are flying high!

Grenoble s'étale à nos pieds. On reconnaît la vieille ville à ses toits rouges.
Grenoble is spread out at our feet. We can recognise the old town with its red roofs.

Vers le centre, on aperçoit une *très très très* longue avenue rectiligne, l'une des plus grandes d'Europe.
Around the centre, we notice a very, very, very long straight avenue, one of the longest in Europe.

On voit bien également les 3 Tours de Grenoble, un des symboles de la ville.
We can very clearly see the three towers of Grenoble, one of the symbols of the town.

Juste derrière la tour du milieu, on aperçoit de l'eau. Qu'est-ce donc ?
Just behind the middle tower we notice some water. What is it?

Ensuite, on peut prendre un ascenseur pour monter tout en haut !
Next, we can take an elevator to go right up to the top!

Il y a des rampes d'accès aux panneaux explicatifs. En hiver, elles sont parfois glacées ! Attention, ça *gliiiiisse*.
There are access ramps and some information boards. In winter, they are sometimes iced over! Be careful, it's slippery.

On voit la plus haute montagne des Alpes : le Mont-Blanc se montre !
We can see the tallest mountain of the Alps: Mont Blanc.

Il porte bien son nom : quelle que soit la saison, il est tout blanc.
It suits its name well: No matter the season, it is always white.

De temps à autre, le chat de la Bastille se dore au soleil de la gare du haut.
Sometimes the cat at the Bastille lounges around in the sun at the top terminus.

Il regarde, en se prélassant, les visiteurs qui redescendent sur la ville…
He looks, basking, at the visitors who are going back down to the town…

A bientôt les Bubulles !
See you soon Bubbles!

Printed in Great Britain
by Amazon.co.uk, Ltd.,
Marston Gate.